Género No ficción

Pregunta esencial

¿Cómo se ayudan los animales?

Ballenas por aquí, ballenas por allá

Luciano Bello

LECTURA COMPLEMENTARIA

Las ballenas viven en el mar. Tienen una cola grande. Y tienen dos aletas.

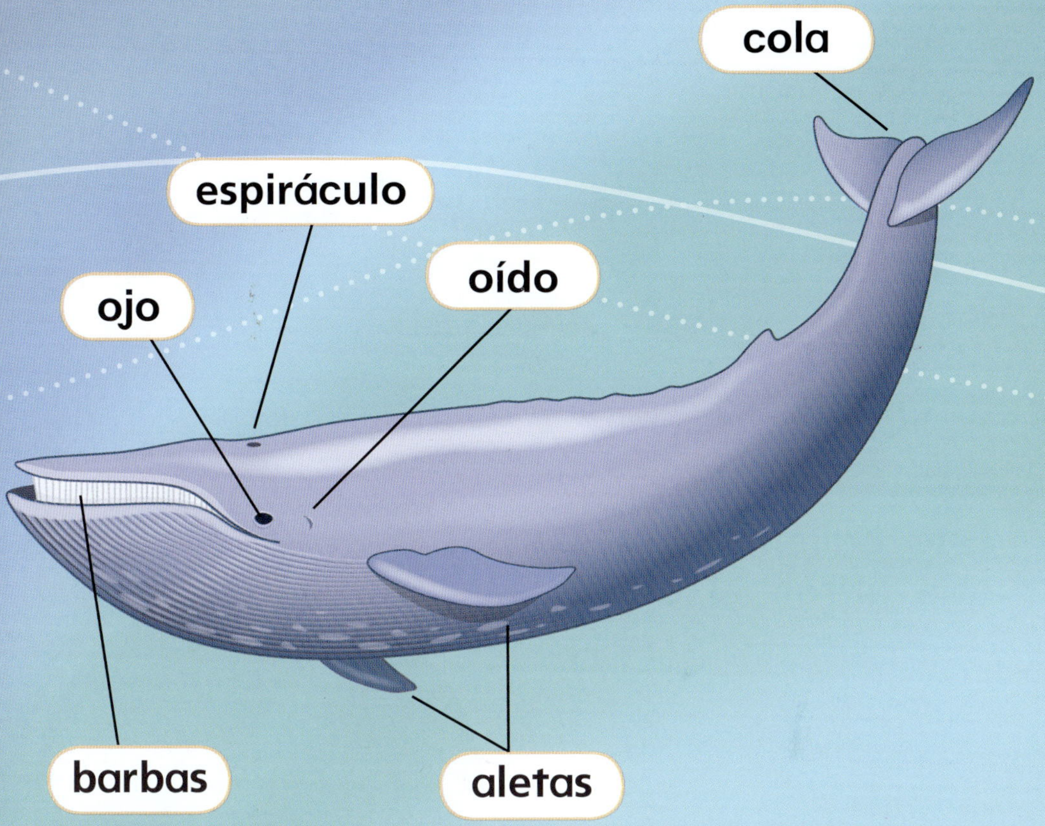

Las ballenas no son peces.
Porque respiran aire.

Esta ballena tiene barbas que filtran el agua.

Las ballenas comen peces y un camarón pequeño.

Hay distintos tipos de ballenas. ¡Algunas viven hasta 100 años!

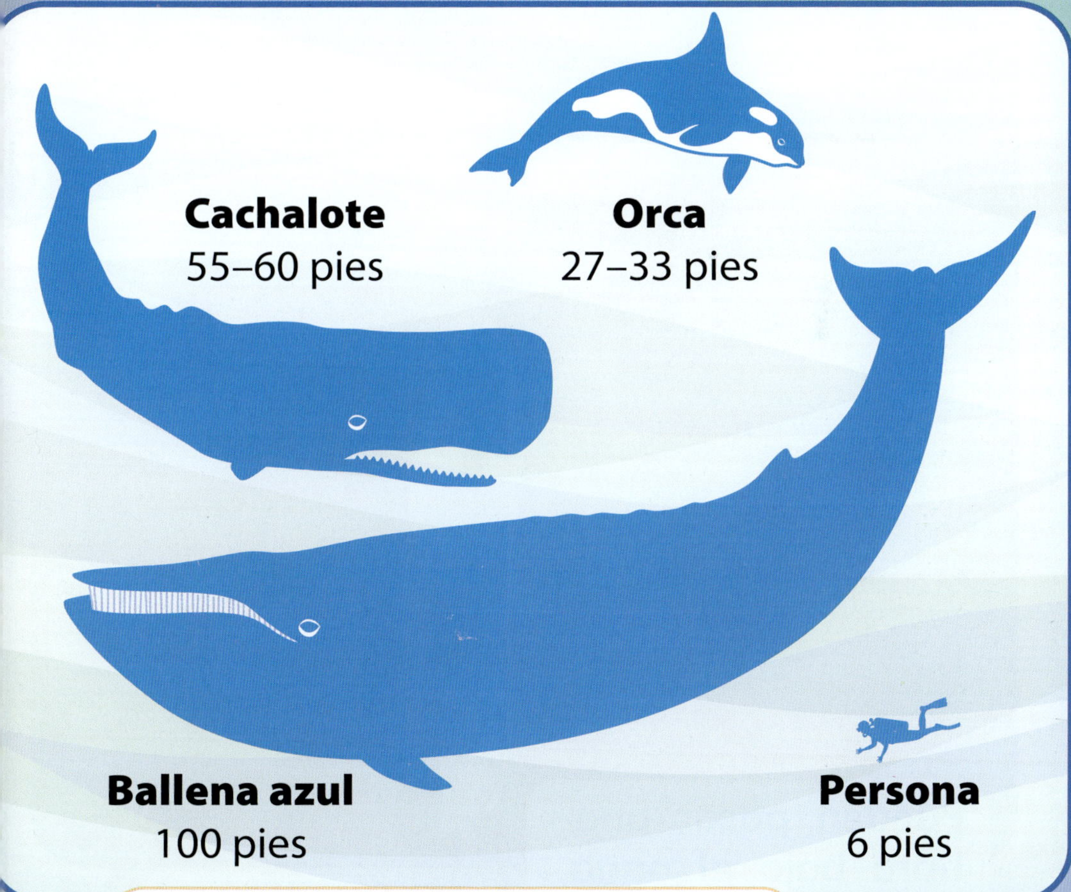

La ballena azul es el animal más grande de la Tierra.

El cuerpo tiene una capa de grasa. Eso las ayuda a mantenerse calientes.

Pueden pasar una hora bajo el agua, sin respirar.

Masa Ushioda/age fotostock/Getty Images

Una ballena tiene una sola cría cada vez.

Nadan desde los mares fríos hacia los mares cálidos. Allí tienen a su cría.

Las ballenas buscan un compañero para empezar una familia.

La habilidad de ubicarse mediante sonidos se llama *ecolocación*.

Kate Westaway/The Image Bank/Getty Images

Hacen sonidos para comunicarse. También para saber dónde están.

A veces quedan atrapadas en la arena. Corren peligro. Es difícil rescatarlas.

Tony Ashby/AFP/Getty Images

Un equipo de rescate en acción.

Wayne Barrett & Anne MacKay/All Canada Photos/Getty Images

Puedes ver las ballenas desde la costa. Y las puedes seguir desde un bote. ¿Te gustaría ver una?

Respuesta a la lectura

Volver a contar

Vuelve a contar detalles importantes del texto con tus propias palabras.

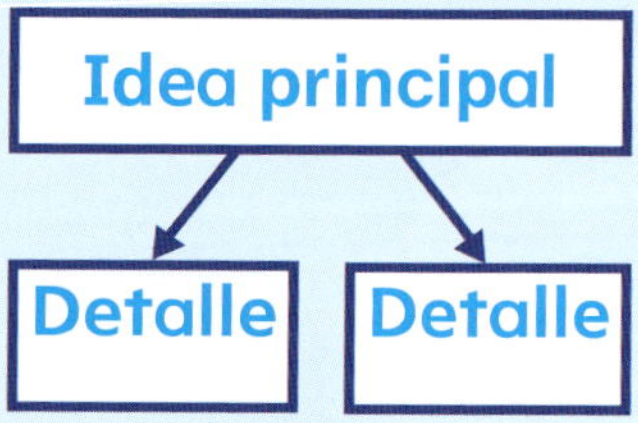

Evidencia en el texto

1. ¿Qué comen las ballenas? **Idea principal y detalles clave**

2. ¿Cómo se comunican las ballenas? **Idea principal y detalles clave**

3. ¿Cómo sabes que *Ballenas por aquí, ballenas por allá* es un texto de no ficción? **Género**

Género No ficción

Compara los textos

Lee sobre cómo los animales trabajan juntos.

Trabajo en equipo

Nigel Pavitt/AWL Images/Getty Images

Los elefantes viven en manadas. Todos ayudan a los demás.

Los delfines viven en comunidades. Así se ayudan unos a otros.

Los delfines nadan juntos.

Las hormigas viven en hormigueros.

Las hormigas viven en comunidades. Juntas buscan su alimento.

Haz conexiones

¿En qué se parecen las ballenas a los elefantes, los delfines y las hormigas?

El texto y otros textos

Enfoque: Ciencias

Propósito Comparar dos animales

Paso a paso

Paso 1 Elige dos animales sobre los que has leído.

Paso 2 Haz una tabla como esta.

Parecidos	Diferentes

Paso 3 Escribe una cosa en que se parecen los animales. Escribe una cosa en que se diferencian.

Conclusión Comenta lo que aprendiste con un compañero.